CASTIDAD

NUEVA ALIANZA MINOR

48

GIUSEPPE FORLAI

CASTIDAD

Qué es, cómo se vive, cómo nos sana

EDICIONES SÍGUEME

SALAMANCA

2026

Para Simone, Francesco, Guenson, Daniele, Andrea, Diego, Michele Z., Giorgio B., Ottavio, Giorgio, Raffaele, Reginald, Manuel, Jude, Antonio, Emanuele, Lorenzo, Alessandro, Gabriele, Francesco V., Gabriele y Michele

Tradujo Luis Javier García-Lomas Gago
sobre el original italiano *Spudorata castità. Cos'è, come si vive, come ci guarisce*

Imagen de cubierta: Oskar Schlemmer, *Figur nach rechts* (1916), y de las guardas: Otto Freundlich, *Komposition* (1938)

ISBN: 978-84-301-2286-8
Depósito legal: S. 2-2026
Impreso en España / Unión Europea
Imprenta Kadmos, Salamanca

CONTENIDO

A MODO DE INTRODUCCIÓN

Llega un momento en la vida en que uno empieza a desconfiar de que tenga alguna utilidad dar lecciones a nadie y comienza a pensar en lo limitado del tiempo que le queda por vivir. Es entonces cuando comprende que los temas importantes de la existencia humana, a pesar de épocas de olvido, vuelven al primer plano para reclamar a cada individuo una respuesta personal y sincera. Uno de estos temas es, sin ninguna duda, la castidad. Considero, además, que quienes se arrogan el ser «maestros» y «psico-expertos en sublimación» no pasan de aprendices de brujo. Y es que, respecto de la castidad, únicamente alcanzan la meta los discípulos humildes, mientras que el resto, incluidos aquellos que llamamos formadores, especialistas, orientadores y responsables de grupos, apenas llegan a colegiales que se esfuerzan en repetir el alfabeto del amor gratuito en su cuaderno de caligrafía.

Las páginas que siguen tengo plena conciencia de no haberlas escrito como maestro, sino más bien como un simple bedel. En ellas me limito a indicar dónde está el aula –al fondo del pasillo, la primera puerta a la derecha– a aquellos que de verdad estén interesados en aprender del Único Maestro.

No cabe duda de que a vivir desde el amor se aprende, como también se aprende a ser casto. Sin embargo, para iniciarse en ambas cosas es preciso partir del *don* que nos sorprende y que a la vez nos va formando cuando perseveramos en el tiempo. Por otra parte, en la sociedad actual la castidad cristiana no es considerada un valor. (Es verdad que algunos la practican por estar de moda y otros porque desprecian a los demás y no tienen interés en relacionarse con nadie). Pues bien, a pesar de no encontrarse entre las cosas que hoy se valoran, representa uno de los pocos medios –junto con la aceptación de la muerte– que nos hace personas cabales y que nos protege de ser arrastrados por la lógica consumista del mercado.

Ante la urgente necesidad que se percibe en nuestras sociedades posthumanas de la castidad evangélica, busco inspiración en la sabiduría de los padres del desierto, que no perdían la esperanza de que pudiera ser puesta en práctica por todos los bautizados: sea durante toda la vida, sea en ciertas etapas, como el noviazgo, la viudez o la enfermedad del cónyuge.

Antes de seguir adelante, quisiera desactivar algunos prejuicios muy arraigados sobre la sexualidad, que no permiten, a mi entender, una aproximación libre y honesta al tema de la castidad cristiana.

El primero es el *mito del buen salvaje*. En lo relativo a la sexualidad estamos muy habituados a confundir lo que es «humano» con lo que es «natural». Quizá por ello, un número significativo de personas considera como verdad incuestionable este aserto: «¡Dar satisfacción al instinto sexual es normal!». Ahora bien, «natural» no coincide de entrada con «humano» ni es tampoco su sinónimo. Por ejemplo: comer es algo natural para el hombre, necesario para su supervivencia. Pero comer de manera compulsiva hasta hartarse no es «humano». De la misma forma, hablar es algo natural, pero mentir sistemáticamente no es algo propio de una persona cabal. De hecho, quien no hiciera otra cosa que mentir probablemente necesitaría algún tipo de terapia psicológica. De ahí que estemos llamados a vivir la sexualidad no de forma simplemente «natural», sino de una forma humana y humanizadora, o sea, con libertad y prudencia. ¡No somos animales que satisfacen sus instintos en cuanto estos los urgen!

El segundo prejuicio, de signo contrario, es el *moralismo fóbico*. Mientras que el mito del buen salvaje cae en la trampa de una espontaneidad innatural, el moralista fóbico apunta al extremo opuesto de compartimentar la sexualidad. Educar la sexualidad es, desde esta perspectiva, constreñirla, doblegarla y someterla a un puritanismo sin salida. Esta actitud se fundamenta en ideas erradas e infantiles acerca del sexo, así como en el miedo a todo lo que tiene que ver con él. Y si en el primer prejuicio se equiparaban los términos «natural» y «normal», ahora lo «natural» se identifica con lo «impuro». El moralista se pregunta: «Dios mío, ¿cómo he podido equivocarme?», mientras que la persona espiritual cambia de perspectiva para cuestionarse: «¿Qué dicen de mí mis comportamientos?».

El tercer prejuicio remite al *silencio sonrojante*. Ante la sexualidad hay muchas personas que oscilan entre las dos posiciones anteriores, el mito del buen salvaje o el moralismo. Pero al no tener una idea ponderada y cabal sobre el tema, se deslizan poco a poco hacia el silencio que produce rubor. Mejor no hablar de la sexualidad, porque es algo privado que le afecta en exclusiva a cada uno. Y, sin embargo, es preciso hacerlo. En nuestra sociedad se habla mucho de sexo, pero poco de sexualidad, de emociones y de afectos. Es necesario afrontar esta cuestión con sencillez. La concupiscencia no se combate con silencio, sino con palabras que se ajusten a la verdad y con humildad.

El cuarto y último prejuicio es la *reducción a lo genital*. La forma más eficaz de pervertir la sexualidad humana es absolutizarla. Dicho con otras palabras, tal cosa sucede cuando se hace girar la dimensión afectiva desde la genitalidad y esta termina ocupándolo todo. El precio que se paga entonces es alto, hasta el punto de convertir la afectividad en una mera función de tipo biológico y técnico. Sin embargo, una ley no escrita asegura que cuanto más se amplía la mirada más se disfruta del paisaje. A esto se debe que muchas personas no se encuentren satisfechas con su vida sexual, porque o bien la han reducido a practicar el sexo, o bien se han limitado a no practicarlo.

Si no estamos dispuestos a dejar a un lado estos prejuicios, es muy posible entonces que la lectura de este libro apenas nos aporte algo. De hecho, las ideas erróneas que se mantienen como axiomas intocables hacen que cualquier intento de cambio resulte inútil. Por otra parte, no está de más recordar que, para vivir la castidad, hace falta un optimismo sano, un cierto sentido del humor y humildad para dejarse instruir por la propia experiencia. En estos temas, es de sentido común señalar que no hay teorías, libros, expertos o guías que valgan si no somos capaces de aprender de nuestra propia experiencia, que en último término es la que mejor nos va a enseñar la forma de vida adecuada que debemos asumir.

No podemos concluir esta sencilla introducción sin ofrecer cuatro notas que contextualizan la finalidad de la presente monografía.

Primera. El autor ha tenido en mente sobre todo a aquellas personas que, por impulso de la gracia, quieren entregarse a una vida de castidad perfecta por el Reino. Ello no impide que estas páginas también puedan resultar útiles para quienes desean vivir de forma casta el noviazgo, así como para quienes viven solos o se han quedado viudos.

Segunda. Para favorecer la lectura, se utiliza el término «lujuria» de forma general, sin distinguir a cada paso sus posibles matices: adulterio, autoerotismo, pornografía, etc. Asimismo, se emplean como sinónimos –si bien en ocasiones no lo son– los términos virginidad evangélica y castidad.

Tercera. El autor parte de la firme convicción personal de que nada ayuda más a crecer en la virtud y en la apertura al don del Espíritu que los sacramentos, en especial la eucaristía y la reconciliación, que nos elevan a la vida divina de comunión y quietud. Esto vale también para la castidad evangélica. No existe una recomendación mejor que la de abandonarse sin prisas ni dudas –como un niño se hace el muerto sobre la superficie del mar– en el camino de la «cristificación». El resto se nos dará por añadidura.

Y cuarta. Al leer estas páginas el lector está invitado a considerar las palabras de Juan Clímaco, gran monje del monte Sinaí, cuando asegura: «Si ofreces al Señor la debilidad de tu naturaleza reconociendo tu impotencia, recibirás el don de la castidad sin darte cuenta».

PRIMERA PARTE

Un joven monje preguntó a abba Daniel: «Padre bueno, ¿por qué tengo tantos sueños lujuriosos?». Y abba Daniel le respondió: «Los sueños de los gatos siempre están llenos de ratones».

(R. Kern)

Una castidad que no conlleve lucha es una castidad frígida o infantil. La virtud siempre es costosa.

(E. Radius)

SIMPLICIDAD

Cuando se piensa en la castidad, uno puede sentirse atrapado por el desaliento: «¡No es para mí! ¡Jamás la alcanzaré!». Y tiene razón. Pero si se centra en el presente, las dificultades adquieren su auténtica dimensión. Según esta lógica, existe un sencillo truco para progresar en la vida espiritual: dividir el tiempo.

A este consejo le sigue la invitación a colocarse en la óptica del *solo por hoy*: «Solo por hoy viviré castamente». ¡Qué alivio! La montaña inalcanzable se convierte en una pequeña colina que se puede ascender con menos esfuerzo, sin pretender cosas que superan nuestra capacidad (Sal 131, 1). Relajémonos. Los superhéroes no existen en este campo, y quien dice que todo esto es fácil se parece al hincha de un equipo de fútbol que opina sobre las decisiones del entrenador sin haber pegado jamás una patada al balón. Dios es el único que puede hacernos capaces de aquello que ni siquiera podemos esperar. Confirma Isaac de Nínive al respecto: «Solo

cuando el creyente haya abandonado toda esperanza en sí mismo podrá hallar a alguien más
valiente que él».

Puede parecer extraño, pero el camino privi-
legiado para vivir la castidad no son las duchas
frías o trabajar como un esclavo, sino más bien
la simplicidad de la mente. Una persona cuya
mente es sencilla dirige sus esfuerzos a lograr
tres objetivos esenciales: cultivar una gran pasión, alejar de sí la concupiscencia y evitar los
pensamientos inútiles.

Veamos a este propósito tres referencias bí-
blicas esclarecedoras:

«Me llamo Legión, porque somos muchos»
(Mc 5, 9). Así se presentó el demonio ante Jesús cuando el Maestro inició el exorcismo para
expulsarlo. El demonio siempre es «muchos»,
mientras que Dios es el Único. El demonio incita a la dispersión inquietando la mente, mientras que, por el contrario, la gracia unifica y re-
coge. La serenidad proviene de la simplicidad,
es decir, de perseguir un único objetivo sin
dispersarse en mil caminos distintos. Por eso,
recomiendo cultivar una gran pasión y tomar
conciencia de *por qué* y/o *para quién* nos le-
vantamos por la mañana. Concentremos nuestros pensamientos en el bien, procurando reser-

var momentos, en los meandros de la jornada, para cultivar deseos elevados y santos que el Espíritu nos inspira. Isaac de Nínive insiste en esta idea cuando escribe: «La pureza del pensamiento consiste en dejarse cautivar por las realidades divinas». Vivamos con sobriedad, pero deseemos sin ponernos límites. Expulsemos de nosotros la legión de pensamientos dispersos y agotadores.

«Del corazón surgen los malos propósitos» (Mc 7, 21). No tratemos de encontrar culpables, sean estos algunas de las personas que nos rodean o determinados factores externos. Más bien, busquemos en nosotros mismos el origen del veneno. No permitamos que sean las inclinaciones maliciosas las que dirijan nuestra vida: ni la envidia ni el odio; tampoco la amargura por haber desperdiciado el tiempo, la cual genera la idea de que «lo mejor ya no puede suceder» (Evagrio Póntico). Menos aún permitamos que nos arrastre el rencor. Y, sobre todo, alejemos de nosotros la melancolía –la *lupé*, como la llamaban los Padres–, que es la puerta de entrada de la lujuria. Porque cuando en nuestro interior rumiamos el mal –ya sea el que sufrimos, ya sea el que infligimos– la mente se envenena y el corazón se paraliza.

«Al sembrar, una parte de la semilla cayó en el camino. Vinieron los pájaros y se la comieron» (Mc 4, 4). La semilla es la palabra del Evangelio que el Padre bueno arroja cada día en el campo de nuestra alma. Los pensamientos inútiles son como los estorninos: no dejan de alborotar con sus chillidos y además se comen la semilla que ha caído en la tierra. No basta con alejar los pensamientos inicuos si luego se deja la puerta abierta a los pensamientos inútiles, en especial a los que nos llenan de inquietud por el futuro. Contemplemos la creación y reflexionemos sobre el hecho de que ya existía antes que nosotros y que seguirá existiendo después de nosotros. Redimensionemos nuestro «yo» omnipotente que engendra pequeñas ilusiones y miedos enormes. Si nos olvidamos de nosotros, tendremos más fuerza y ánimo a la hora de purificarnos de la concupiscencia.

PRUDENCIA

No busquemos pretextos que parecen razonables ni excusas sentimentales: es imposible mantener la simplicidad de la mente cuando se juguetea con el fuego de las tentaciones. Quien pretende calentar una casa dejando las ventanas abiertas es un necio. La castidad no será más que una quimera si no comenzamos a responsabilizar a nuestra mente de los pensamientos que la habitan. Puede que esto parezca absurdo, pues es un lugar común creer que los pensamientos entran en nosotros sin que podamos evitarlo. De hecho, solemos pensar que controlar los pensamientos va contra la espontaneidad o que constituye un esfuerzo inútil. Pero no puedo dejar de preguntarme si es posible no pensar en todo aquello que nos incita a la lujuria, al odio o a la avaricia. Creo que sí.

La prudencia no es la virtud de los miedosos, sino más bien la de quienes están despiertos como el centinela que guarda las murallas para anunciar a sus compatriotas lo que aparece en el horizonte (Is 21, 6). De acuerdo con los padres del monacato, el cristiano debe ser como el guardián que vigila la entrada de su propia alma: la puerta es la mente y los habitantes del castillo interior son los pensamientos que la condicionan, tanto para lo bueno como para lo malo.

El centinela, si no quiere dejarse engañar por los enemigos que pretenden infiltrase en la ciudad, necesita cultivar las siguientes actitudes:

Vigilancia. Es preciso interrogar a cada uno de los pensamientos que se nos presentan y preguntarles su nombre: «¿Quién eres?». Es el primer paso, pues cada pensamiento tiene nombre, no es un visitante anónimo. Ante todo, vigilar significa exigir a cada pensamiento que llama a la puerta que se identifique; siempre y cuando, eso sí, la puerta esté cerrada y haya portero. Al que solicita entrar se le pide el nombre y el apellido. Nombre: maldad, envidia, avidez, engaño, calumnia, lujuria (Mt 7, 21-22); inquietudes, fantasías, posibilidades, temores (Lc 12, 22-31); o bien, en positivo: amor, alegría, paz, tolerancia, compasión, piedad, fe (Gal 5, 22). Apellido: que es el que indica a cuál de las tres grandes familias pertenece el pensamiento concreto, a saber: nocivo, provechoso, inútil. El apellido se conoce por el estado de ánimo que genera el pensamiento, la representación o idea que acude a nuestra mente; así, el pensamiento inútil genera sentido de vacío y falta de propósito; el provechoso, serenidad; y el nocivo, inquietud y precipitación.

Atención. «¿Quién te envía?». La segunda pregunta que se ha de hacer a los visitantes versa sobre la identidad de quien los envía. Ningún pensamiento viene por su cuenta, sino que siempre es enviado por un señor poderoso. Está el señor Prejuicio, el señor Vicio…, y el Señor a secas. El primero nos quiere ignorantes; el segundo, esclavos de nuestras costumbres, y el tercero, hijos libres. Prejuicio es un señor tozudo y soberbio. Vicio es insistente y ladino. El tercero es manso y humilde de corazón (Mt 11, 29). Si uno se esfuerza, podrá conocer quién envía sus pensamientos más recurrentes.

Impasibilidad. Si el pensamiento que llega es nocivo y ha sido enviado por la concupiscencia del corazón, no hay que asustarse como quien se topa con un oso hambriento. Es preciso mantenerse «impasible», en el sentido que le daban a esta palabra los padres del monacato, es decir, resistir pacíficamente ante la prueba. «Impasible» no significa la indiferencia estoica a las realidades humanas, sino que hace referencia, sobre todo, a la actitud de quien permanece firme frente a la tentación, sin renunciar a sí mismo, a su fe y a sus valores, sabiendo que, «despiertos o dormidos, somos del Señor» (1 Tes 5, 10). La impasibilidad cristiana nace de haber tomado conciencia de que lo esencial de la vida no es rehén de nuestros pensamientos temporales. Uno no es malvado porque le venga un pensamiento malvado. Pero tampoco es bueno por el mero hecho de pensar cosas buenas o espiritualmente muy elevadas. Se necesita redimensionar el valor que se atribuye a la inteligencia y no identificarse más de lo necesario con las propias reflexiones o los monólogos íntimos.

HUMILDAD

Llegará el día en que seremos capaces de anunciar sin eufemismos la verdad cristiana acerca de la importancia de la sexualidad. La sexualidad debe vivirse con serenidad y sin prejuicios: «Todo me es lícito, pero no todo me aprovecha» (1 Cor 6, 12), enseña el apóstol Pablo a los cristianos de Corinto. No debemos actuar como perseguidos por una fobia, pero tampoco tenemos que ser ingenuos. Como cualquier asunto humano, el sexo tiene sus aspectos luminosos y sus aspectos tenebrosos. No en vano, estamos hechos de barro y de espíritu. La penumbra y el claroscuro constituyen nuestro hábitat natural en este mundo.

El sexo, que es fuente de vida y bienestar, puede transformarse en dependencia ciega. La lascivia se caracteriza por su atrevimiento, pero también por no pensar, y tiene la peculiar capacidad de arruinar nuestra vida y la de quienes nos rodean. La historia está llena de crímenes con motivaciones sexuales, de poderosos cuyas carreras se echaron a perder por sus devaneos nocturnos, de perversiones insospechadas, de atracciones morbosas y delirantes. Ya en la Sagrada Escritura encontramos ejemplos de cómo el ciego deseo puede desembocar incluso en el homicidio. Que se lo pregunten al rey David cuando se encaprichó de Betsabé, la mujer de Urías (2 Sm 11). Parece mentira que en nuestra cultura aún no se haya desenmascarado la ecuación «sexo libre = felicidad», que es una falsa ilusión sobre la que solemos fantasear.

La humildad es la virtud que coloca todas las cosas en su sitio. A este respecto, Isaac de Nínive afirma con mucho sentido común: «Dichoso el hombre que conoce su debilidad, porque este conocimiento será el principio y el fundamento de toda belleza». Antes de optar por la castidad –ya sea temporal o perpetua– conviene que meditemos sobre la necesidad de adquirir una comprensión humilde de la sexualidad. Solo así podremos edificar sobre roca y no sobre arena (Mt 7, 24).

Llegados a este punto, no está de más sentarse y reflexionar con calma a partir de la Escritura sobre tres relaciones que, de un modo u otro, están presentes en nuestra vida: la del sexo y el *poder*, el sexo y el *cuerpo*, y el sexo y la *soledad*.

«Tendrás ansia de tu marido y él te dominará» (Gn 3, 16). No quiero detenerme aquí en el tema del *género*. La Biblia nos transmite un mensaje que vale para todos, hombres y mujeres. Y es este: el sexo es una manifestación de poder, de dominio de uno sobre otro. La humildad parte de la toma de conciencia pacífica de un hecho fundamental: el sexo puede hablar el lenguaje del afecto, pero también el lenguaje de la dominación posesiva y destructiva. Al estar siempre en busca de satisfacción, el sexo puede acabar reduciendo a los demás a simple mercancía de usar y tirar, o a trofeos que se coleccionan en la lista de contactos del teléfono móvil. Hay una gran diferencia entre ser consciente de esto y no serlo.

«Quien fornica peca contra su propio cuerpo» (1 Cor 6, 18). El Creador de todas las cosas nos ha prestado el cuerpo que tenemos cada uno. Y llegará el día en que habrá que devolverlo. Tampoco la persona casada es dueña de su propio cuerpo: «La mujer no dispone de su cuerpo, sino el marido; de igual modo, tampoco el marido dispone de su propio cuerpo, sino la mujer» (1 Cor 7, 4). La muerte física es prueba de que Dios es el propietario de nuestra carne. Al morir, san Francisco de Asís pidió perdón a su cuerpo –al que llamaba «hermano asno»– por haberlo tratado con tanto rigor. Como los buenos administradores de un negocio, debemos dar al cuerpo aquello que necesita y negarle todo exceso. Al concluir el día, la hoja de nuestro balance no debería encontrarse en números rojos. Se puede pecar gravemente contra el cuerpo cuando se lo entrega a una sexualidad compulsiva y anónima, cuando la psique obliga al cuerpo a actos repetitivos y sin freno que ni siquiera el propio cuerpo pide. La impureza no está en la carne sino en la mente, y a través de la mente ejerce su tiranía sobre la carne. En esos casos, no es posible resistirse y, por muy dormidos que estén los instintos, la psique dicta sus órdenes a instancias de la costumbre creada por la lujuria. Los vicios de la carne no son sino costumbres de la mente. El cuerpo solo es el cómplice ocasional en el mal.

«¿Quién conoce lo íntimo del hombre sino el espíritu del hombre que está dentro de él?» (1 Cor 2, 11). La soledad manifiesta nuestra pequeñez: somos demasiado pequeños para experimentarlo todo, y demasiado grandes para saciarnos con lo poco que experimentamos. Se vive bien no tanto cuando se experimentan muchas cosas, sino cuando se prueba una verdaderamente buena. Pero ni siquiera en este caso la experiencia buena nos saciará por completo. La satisfacción sexual no elimina la soledad. La profunda complementariedad de los cuerpos –bendecida por Dios– no quita esa chispa de nostalgia por algo a lo que uno no puede aferrarse del todo, como si fuese «un sueño al despertar» (Sal 72, 20). Tan solo somos solitarios que tienen una enorme nostalgia de contacto y comunión. Al ignorar esto, o al no aceptarlo, nos arriesgamos a hacer de los demás –pareja, amigos, comunidad– ídolos de los que esperamos un afecto que está más allá de sus capacidades y posibilidades.

DESCENSO

Quiero invitar ahora al lector a descender un poco más. Y espero que no cierre el libro cuando vea lo que voy a sugerirle. Mi intención es abordar sin paños calientes las consecuencias de la lujuria. Por supuesto que no estoy afirmando que cada acto conlleve, a modo de sucesión imparable, toda una serie de consecuencias inevitables, sino más bien que la dependencia o, como se dice ahora, la adicción sexual puede comportar consecuencias indeseables a nivel espiritual. Esto ya lo entendió con claridad Tomás de Aquino en el siglo XIII y fue capaz de describir con sabiduría la escalada de la dependencia. Acompañemos al gran pensador escolástico en el desarrollo de su brillante razonamiento.

Ceguera mental. Si nos dejamos poseer por la lujuria perdemos el sentido de nuestra vida. Podemos acabar como perros callejeros que no tienen otra meta que morderse una y otra vez la cola. Y no solo eso: la lujuria concentra la mente en la genitalidad y, a largo plazo, impide incluso disfrutar de la riqueza de la sexualidad. La otra persona nos sale al encuentro sin que ni siquiera seamos capaces de ver los dones que nos ofrece.

Precipitación. Se impone la frenética urgencia de atender los quehaceres a los que no podemos sustraernos. Hacemos todo con el piloto automático y, al no encontrar solaz en ello, retornamos una vez más a la lujuria y ¡vuelta a empezar! De este modo se va debilitando nuestra percepción del mal.

Falta de consideración. Si se pierde de vista el objetivo general, se hace difícil formarse criterios adecuados para tomar las pequeñas decisiones cotidianas. En cierto modo, todo se altera, se vuelve opaco y cínicamente plano; determinar lo que se ha de hacer cuesta trabajo; los consejos de los demás parecen inútiles. La dependencia sexual hace que el último residuo de discernimiento se reserve a buscar el modo de evadirse de nuevo en el placer.

Inconstancia. El estudio y el trabajo se hacen pesados y la concentración no resulta nada fácil. La acedia toma el lugar de la determinación. Los amigos son un fastidio. Uno desearía liberarse de todo. Hay un entusiasmo por las novedades, pero también una incapacidad de llevar a efecto las nuevas ideas. Se cae así en el vicio de la acedia: empezar muchas cosas sin acabar ninguna.

Impotencia. El no ser capaces de esforzarnos al cien por cien en algo nos hace perder el sentido de nuestras propias fuerzas. Con el paso del tiempo nada sale bien y hasta el acto sexual pierde intensidad. En cierto modo, el juguete se rompe y hay que aumentar la dosis de la gratificación para quedar mínimamente satisfechos. Cuantos más placeres se experimentan, más difícil resulta que lo sean realmente.

Odio a Dios. El cristiano que se deja llevar por peligrosas dependencias puede llegar a acusar a Dios mismo de su condición. Uno puede llegar a preguntarse: «Si el Señor es bueno, ¿cómo ha permitido que yo haya acabado así? ¿Por qué no me sana con una palabra suya?». Poco a poco estas preguntas tan temerarias van haciendo mella en el corazón y usurpan el lugar de la oración. De esta forma, creyéndonos indignos de dirigirnos a Él y vencidos por el desánimo, nos olvidamos de lo único que verdaderamente puede aliviarnos.

Desesperación. Cuando se llega al mutismo espiritual, no queda sino aferrarse al momento presente. Solo tenemos el «hoy», y no porque nos proporcione satisfacciones, sino porque no esperamos nada más. Al quitar a Dios de nuestro horizonte eliminamos la posibilidad de una vida más allá de la muerte. Todo está condenado a la oscuridad. La desesperación a la que llevan las dependencias es una de las más eficaces herramientas del Maligno. Y no está de más recordar aquí que las dependencias –de cualquier clase– pueden alimentar incluso los instintos homicidas.

Banalidad. Se trata de un aspecto que quienes nos rodean empiezan a percibir desde fuera, junto a la soledad en la que poco a poco nos vamos encerrando. No somos capaces de mantener conversaciones serias, de consolar a quien recurre a nosotros, de valorar los pros y los contras de una situación. Tan solo hablamos de cosas superficiales, banales y vulgares. Los demás nos siguen la corriente para no disgustarnos, pero en realidad se preocupan. Obligamos a reír a quienes, en realidad, sienten compasión por nosotros en silencio. Las dependencias nos transforman en personajes histriónicos que van arrastrando cadenas invisibles que hacen insoportable la vida.

OJOS

Es una evidencia contrastada: somos *también* todo aquello que vemos. Dios crea y luego contempla (Gn 1, 4). El hombre, en primer lugar, observa, y luego se *convierte* en aquello que lo atrae. Dicho con otras palabras, al ser criaturas constituidas por la vista y la imitación, tendemos a asimilarnos a aquello que miramos en mucha mayor medida de lo que podemos imaginar. No nos transforman nuestras elucubraciones mentales ni nuestros buenos propósitos, sino nuestra mirada. Cuando éramos niños imitábamos a nuestros héroes y, de adultos, seguimos haciéndolo, aunque no queramos admitirlo. Tan solo hemos cambiado los «mitos» a los que emultar. Los cristianos –que somos ambiciosos– imitamos a Dios mismo (Ef 5, 1). Así, cumplimos profunda y misteriosamente nuestros deseos más auténticos.

Para la purificación de los afectos, no cabe la menor duda de que la vista es el más importante de los cinco sentidos. El ojo humano es una de las maravillas de la naturaleza: Dios ha sido extraordinariamente generoso al crear nuestro órgano de la vista. Lo ha hecho diferente al de los animales, diseñado para ver en la oscuridad y para identificar a su presa. Tu ojo, por el contrario, ha sido creado para captar la belleza de la realidad en su variedad de colores y en la amplitud de sus posibilidades. La mirada del ser humano está destinada a «contemplar con admiración la realidad de los hechos» (Hans Urs von Balthasar).

Seguidamente, invito a quien ha llegado a esta página a mantener la vocación originaria del sentido de la vista con dos pequeños ejercicios.

La custodia de la mirada. Las posibilidades que ofrece internet deberían haber mejorado nuestra relación con la verdad. Sin embargo –sobre todo la pornografía que nos invade–, nos encierra en una belleza simulada y en la exhibición de cuerpos carentes de personalidad. Toda la genialidad de la criatura termina por reducirse a su genitalidad. La belleza que se muestra es falsa. Mucho de lo que se muestra en internet ni siquiera existe. Los jóvenes que han crecido con la pornografía corren el riesgo de sentirse «decepcionados» con el sexo real, como quien asiste a la actuación de un mago del que conoce todos sus trucos. No se pueden sumergir los ojos en ese fango sin que el cerebro resulte afectado: «Si tu ojo está enfermo, tu cuerpo entero estará a oscuras. Si, pues, la luz que hay en ti está oscura, ¡cuánta será la oscuridad!» (Mt 6, 23). Repite esta frase: el sexo es mejor vivirlo que mirarlo y, si no has recibido el don de la castidad perfecta, es mejor llegar a ser santo dentro del matrimonio. También este es un carisma, un don de Dios (1 Cor 7, 9).

La pureza de la imaginación. Tenemos también los ojos interiores de la imaginación. Esta elabora formas y recuerdos que guarda nuestra memoria dando vida a diversas situaciones. Sin la memoria no tendríamos conciencia de la historia que ha ido haciendo de cada uno de nosotros quienes somos en el momento presente. El Padre celestial ha dotado al ser humano de memoria para permitirle recordar todos sus beneficios, las maravillas de la creación y la palabra de su Hijo. Si ensucio los ojos del cuerpo con imágenes perversas o irreales, con rostros que puedo odiar o cuerpos que puedo consumir, mi memoria irá enfermando poco a poco, haciéndome olvidar el sentido último de mis deseos. El sentido de mi propia y divina singularidad pierde unidad y se rompe por la aparición de imágenes inconexas que surgen incluso en situaciones inoportunas. Cuando un ojo se acostumbra a la virtualidad maliciosa, los recuerdos se acaban envenenando: «La disolución de la mirada coincide en realidad con la práctica del olvido» (Mario A. Toscano).

No caigamos en la ingenuidad de creernos más fuertes que aquello que vemos. En el fondo, no somos capaces ni siquiera de añadir una sola hora a nuestra vida (Mt 6, 27). Aceptemos humildemente la «ley de la mirada»: la imagen virtual estimula la *emulación*, pero, como todo se mantiene en el nivel de la fantasía, la emulación no se transforma nunca en realidad, sino en *simulación*.

La moraleja del cuento es que una mirada limpia –interior y exterior– es a la castidad lo que la corriente eléctrica a la lámpara. Si se produce el cortocircuito, nos quedamos a oscuras. Eso nos permite entender con toda su densidad la advertencia de Jesús: «Quien mira a una mujer deseándola ya ha cometido adulterio con ella en su corazón» (Mt 5, 28).

VÍNCULOS

En nuestra época hemos tomado conciencia de que la sexualidad es uno de esos elementos que nos ayuda a entender aspectos fundamentales de nuestra vida. O dicho al revés, puede afirmarse, sin temor a errar, que «según es uno, así es su sexualidad».

Al hilo de lo que acabamos de afirmar, nos ocuparemos en este capítulo de algunos de los *vínculos* que existen entre sexualidad y estado de ánimo. De la misma forma que el camaleón adopta el color de la rama en la que descansa, así la sexualidad *remite* a nuestros estados de ánimo. El sexo puede engalanarse con las vestiduras del amor y de la intimidad –para eso nos fue dado por Dios–, pero también de la desazón y hasta de la tristeza.

Antes de seguir, conviene que nos recordemos algo importante: ¡el sexo es el vestigio del Paraíso que sigue presente en nosotros! Esto que acabo de decir no es una blasfemia, sino algo muy serio. San Agustín escribía que, inclu-

43

so bajo el vicio de la lujuria, se esconde la «nostalgia del cielo». Hemos sido hechos a imagen del Creador, de un Padre que eternamente engendra al Hijo y que –como nos recuerda Isaac de Nínive– ha amado eternamente al mundo, incluso antes de crearlo. Dios es la Vida del hombre, que no es sino el fruto de la fecundidad eterna de Dios. En cada uno de nosotros; más allá de la nostalgia ineludible de esta Vida, está la impronta de su fecundidad perfecta e inagotable. Dicha huella permanece escondida en nosotros y se revela en la potencialidad de engendrar para el mundo a otra criatura por medio de la relación sexual. En este sentido, llama la atención que la palabra «lujuria» –que indica un vicio– tenga la misma raíz que «lujo» o «lujoso», o sea, algo lleno de vida, sobreabundante. Dicha etimología debería hacer pensar a quienes acusan a la fe cristiana de sexofobia. La primera realidad de la que participamos y a la que estamos remitidos es a la fecundidad de Dios. Y esto no debemos olvidarlo jamás.

La sexualidad –cuando se aliena en la lujuria– también puede remitir a negatividades que llevamos en nuestro interior, como si fuera una caja de resonancia. De hecho, somos capaces de *erotizar* nuestras inquietudes más diversas para desahogarnos o para aplacar las frustraciones.

Quien desee vivir la castidad cristiana, ha de preguntarse –sin juzgarse– si no está erotizando de forma inconsciente algún problema o algún estado de ánimo.

He aquí dos actitudes que, con mucha frecuencia, acompañan a la lujuria:

Ira. La irascibilidad está inserta en el ser humano creado por Dios. El Señor la ha puesto en la criatura con vistas a proporcionarle la fuerza necesaria en el camino hacia el fin para el que ha sido creado: el amor. Gracias a la irascibilidad podemos llevar tenazmente a cabo nuestros proyectos, podemos combatir por aquello que amamos, ser capaces de ir contra corriente y hasta evitar todo aquello que nos aleja del Evangelio. Sin embargo, a causa del pecado original, esta energía naturalmente buena se ha «pervertido» al dirigirse no ya contra el mal, sino contra el hermano que lo comete. Por este motivo, el hombre viejo que habita en nuestro interior no es capaz de odiar el pecado, sino al pecador que lo comete. Por eso puede ocurrir que si la ira no se manifiesta o no se dirige correctamente, se transforme en rencor y busque desahogarse por medio de su fuerza gemela: el *eros*.

Tristeza. Lo que vincula la tristeza a la lujuria es la avaricia, es decir, el deseo incontrolado de poseer bienes espirituales (serenidad, amistad, estima) o materiales (dinero, tecnología de última generación, ropa de temporada…). Cuando no podemos obtener lo que deseamos, el demonio de la tristeza entra en nuestro corazón. Nos volvemos como niños que lloran porque les han quitado la videoconsola. A lo mejor como adultos ya no lloramos, pero andamos igualmente frustrados y ofendidos. La vida parece negarnos aquello que esperábamos y las explicaciones que nos dan nos parecen injustas. En situaciones como estas no es infrecuente encontrar una vía de escape –ilusoria ciertamente– en la lujuria, la habitación del pánico de los adultos. ¡Una pequeña satisfacción en un día difícil!

Cuando la lujuria ataca «en solitario» (pornografía, autoerotismo), en lugar de centrar la atención espiritual en el hecho en sí, deberíamos intentar comprender cuál es su origen. Tal vez sea un remedio equivocado para una verdadera enfermedad del alma. ¡Pero un enfermo nunca se cura con falsas medicinas! Dios desea aplicar el bálsamo de su misericordia en la raíz misma del mal. No se contenta con meros cuidados paliativos.

APERTURA

El salmista nos recuerda que las experiencias humanas son universales: «Callaba y se consumían mis huesos» (Sal 31, 3).

Algo similar sucede con los remedios: la solución nunca es atrincherarse en el mutismo.

Cuando se encuentra uno en esta situación, lo más recomendable es dirigirse a una persona probada, sosegada, que no busque protagonismo y que tenga sesenta años o más. Cuéntale tu historia sexual con extrema sencillez y sin vergüenza. No es necesario dar muchos detalles: hablar –y escuchar– sobre estos temas morbosamente es mala señal. También puede uno dirigirse a un santo confesor o un buen padre o madre espiritual.

La *apertura del corazón* en el coloquio espiritual desarma al demonio de la lujuria, quien, como todos los ángeles rebeldes, prefiere actuar en la oscuridad y encuentra en la vergüenza de los demás su fuerza. Sin embargo, cuando es desenmascarado pierde la mayor parte de su poder. No te preocupes por lo que hayas vivido: olvida el pasado y confiesa con humildad tu deseo de amar al Señor con un corazón puro a partir de hoy. Entrega a la Iglesia tus heridas y dejarán de ser únicamente cosa tuya. Abrirse es entregarse.

Todos los cristianos están invitados a caminar hacia la castidad, por ser la virtud evangélica que permite vivir la sexualidad dentro del proyecto creador de Dios. Algunos, por un don especial del Espíritu, son llamados a no casarse, es decir, a vivir lo que la Iglesia llama la *castidad perfecta en el celibato*. En el caso de los monjes y los religiosos, se habla de «voto» de castidad; en el caso de los sacerdotes, de «promesa». Con la ayuda de la dirección espiritual es posible llegar a comprender si el Señor le ha concedido a una persona este don o si el deseo de vivir en dicho estado es auténtico. (Recordemos que la Iglesia latina escoge a los candidatos para el presbiterado solo entre varones que han recibido el carisma de la castidad en el celibato. Suele suceder, no obstante, que algunos jóvenes que «se sienten» llamados a las sagradas órdenes cuestionen *luego* el carisma del celibato, como si fuese un apéndice incómodo pero necesario para ser sacerdote. ¡Es importante no engañarse al respecto!).

Por la trascendencia que tiene aclarar este tema, conviene que nos preguntemos en este momento *cuáles son los signos que nos permiten saber si uno es llamado a la castidad perfecta en el celibato*.

Puesto que tan solo soy un aprendiz de la dirección espiritual, he pedido consejo a mi paciente y experimentado director, que me ha indicado siete signos que ayudarán a discernir si uno está llamado a la castidad perfecta. Son los siguientes:

1. Sosiego y placidez en la soledad; capacidad para vivir y organizar el tiempo sin necesidad de que estén presentes los otros.

2. Relaciones fraternas no cerradas o exclusivas, sino francas y honestas, libres de caprichos, resentimientos o hipocresías.

3. Transparencia y sinceridad a la hora de contar la propia historia al padre espiritual. Brevedad y claridad durante la confesión sacramental.

4. Progresiva capacidad para vivir la continencia, evitando con serena firmeza las ocasiones de pecado.

5. Amor profundo por la humanidad de Cristo, por su vida terrena, por los rasgos de su personalidad, por su modo de amar.

6. Conciencia permanente de la amorosa compañía de Cristo, que se traduce en el deseo de orar con frecuencia. Este es el «signo de los signos».

7. Propensión a entregar la vida en favor de los demás, a darse y a «hacer bien el bien», sin aspirar a ser visto ni recompensado.

Con todo, es importante recordar esto: nadie ha dicho que una persona continente tenga el carisma de la castidad célibe.

A este respecto, no resulta nada extraño encontrarse con personas consagradas que parecen muy controladas y seguras de sí; sin embargo, en sus relaciones personales crean dependencias o enfrentamientos, se escuchan a sí mismas o hablan demasiado; en definitiva, se esfuerzan constantemente por convertirse en el centro de atención. Todo ello es signo de que son personas *continentes, pero no castas.*

Por otro lado, también es posible que las personas consagradas sufran caídas y retrocesos. Eso no quiere decir, necesariamente, que esa persona no haya recibido del Espíritu el carisma de la castidad en el celibato. Se puede recibir un don sin saber preservarlo plenamente.

Baste señalar, a modo de conclusión, que algunos reciben el don, pero son inexpertos en el camino de la ascesis; otros saben «mantenerse», pero no han recibido el carisma. El carisma de la castidad perfecta se discierne a la luz del *conjunto* de los signos que hemos enumerado y de la historia completa e intransferible de cada persona.

TIEMPO

El tiempo es, sin duda, una de las creaciones más maravillosas de Dios. El ser humano fue creado para percibir el tiempo que pasa gracias a la memoria, la cual unifica la conciencia personal. La memoria viaja al pasado, se remansa en el hoy y se proyecta hacia el futuro. El tiempo es, en este sentido, la cuna de la existencia. Quien lo vive adecuadamente permanece en paz y sereno, «como un niño en brazos de su madre» (Sal 131, 2).

El tiempo que se vive con amor, más allá de las inquietudes de la mente –que no son las inevitables tribulaciones de la vida–, ayuda a madurar la castidad. Esto es así porque no nacemos castos, sino que nos vamos haciendo a medida que crecemos, hasta que Cristo sea conformado en nosotros (Gal 4, 19). Por esto mismo, la castidad es más un proceso que un hecho puntual; atraviesa etapas, como el amor en la pareja. Cada una de ellas conlleva, si se trabaja con tesón, abundantes frutos. Cuando se es joven, se vive el peso de la castidad como una renuncia al placer sexual; a partir de la mediana edad se experimenta más la soledad, mientras que en la ancianidad –eso me han dicho– la cuestión importante es el sentido de una vida que se encamina a su fin sin haber tenido descendencia. Estas benditas dificultades ayudan a la persona llamada a la virginidad evangélica a ser más profunda y equilibrada.

Con independencia de la etapa vital que cada uno estemos viviendo, las siguientes indicaciones resultarán útiles para administrar el tiempo desde la lógica cristiana.

Huir de la *ociosidad* y del *desorden* es una actitud sana e indispensable. El sexo se convierte en una trampa si se vive como una compensación frente al aburrimiento o, peor, frente al descontento. El sexo se te ha dado como expresión de vida y no de vacío, de fecundidad y no de muerte. Si bien es cierto que no se puede programar la existencia –porque es un don y no una tarea escolar–, también lo es que no puede disfrutarse sin un mínimo de cuidado. Por eso, no conviene dejar la jornada cotidiana a la improvisación, ni permitir que en el propio espacio vital reine el desorden. Todo esto ayuda a vivir la castidad más de lo que pueda pensarse.

Erradicar la *acedia*. No debe confundirse la acedia con la ociosidad. Son vicios diferentes y en cierto modo hasta opuestos. La acedia nos lleva a iniciar mil cosas y a no acabar ninguna, a estar inquietos constantemente. Es un esfuerzo sin meta. La acedia desgasta la mente que, estresada por mil estímulos sin relación entre sí, al final reclama sus derechos. Nada apetece más, en esta situación, que concederse un «descanso» y evadirse. Ayuda mucho el interesarse por cosas bellas y culturalmente relevantes. Con todo, lo más beneficioso y eficaz es concentrarse en una sola cosa. Un buen consejo es que en la mesilla de noche y en el escritorio no haya más de un libro para leer.

No forzar el tiempo, pues todo tiene su momento bajo el sol (Ecl 3, 1). Hemos sido creados para dar gloria a la Santa Trinidad gozando de los placeres que la creación nos ofrece. Sin embargo, la misma creación dispensa sus bienes con parsimonia, sin prisas. El fruto es bueno si se produce en su estación y con el clima apropiado. La vida en esta tierra no se puede forzar como si fuera un organismo modificado genéticamente. No apuremos el tiempo por nuestros caprichos ni intentemos quemar etapas. Así no nos aburriremos.

Vivir con esperanza. Un día vendrá la muerte a visitarnos. No tengamos miedo: Cristo nos llamará por nuestro nombre. Si sabemos guardar este secreto, estaremos listos cuando nos llame y diremos: «¡Aquí estoy!». La muerte es el momento supremo de la liberación y del amor divino. Isaac de Nínive decía: «Quien se da cuenta de que la vida tiene un final es capaz también de poner fin a sus pecados». Entre el final de la vida y la castidad hay una conexión maravillosa. De hecho, en el momento de la muerte todos estamos solos, a la espera de descubrir lo que seremos. Ninguno puede hacernos compañía, aunque esté a nuestro lado tomándonos de la mano. La castidad constituye el anticipo sereno de este momento definitivo, un entrenamiento gradual para la soledad de la muerte, al mismo tiempo terrible y feliz.

COMBATE

El cristiano no lucha para conquistar la virtud, sino para hacer crecer aquello que le ha concedido el Espíritu Santo. El esfuerzo no busca ganarse la benevolencia de Dios, sino «permanecer en su amor» (Jn 15, 9), para que nadie nos robe «la libertad que Cristo nos ha conquistado» (Gal 5, 1). En este sentido, el seguidor del Maestro no lucha para vencer, puesto que ya ha vencido *en Cristo*. Por esa razón, incluso cuando el Espíritu concede el carisma de la castidad, se esfuerza para conservarlo y hacerlo fructificar. Por desgracia, estamos más inclinados a la «reivindicación» que a la lucha. No hay que desanimarse ante la primera caída; en esos momentos conviene recordar que «no trabajamos para un tirano, sino para un dulce Señor» (Isaac de Nínive). Así pues, ¡ánimo!

A continuación, propongo dos reglas para el combate y tres actitudes espirituales que muy bien pueden servirnos para avanzar con rapidez y seguridad.

Primera regla: *Prestar atención a la reta-guardia*. La lujuria es un enemigo que no debe combatirse de frente. Dado que –como hemos dicho– se trata de un vicio que toma fuerza de otros vicios, es mejor combatirlo en la retaguardia, donde la lujuria recibe suministros. Los vicios que están en la retaguardia, según Evagrio Póntico, son la gula, la avaricia y la vanagloria.

La *gula* es la pulsión por comer sin mesura, más de lo necesario. Aun sin tener hambre, se come de todo, incluso cosas malas para la salud. La gula y la lujuria están ligadas, llamativamente, a la incapacidad de controlarse («no me puedo resistir», solemos alegar) y también a falsos propósitos («¡esta será la última vez!»). Juan Clímaco escribió a este respecto: «Quien intenta vencer la lujuria con la gula es como quien pretende apagar un fuego con aceite».

La *avaricia* nos lleva a acumular bienes que no necesitamos, movidos por la ilusión de que, cuanto más tengamos, más disfrutaremos. Este vicio también nutre a la lujuria en la retaguardia, porque nos lleva a apropiarnos de todo lo bello que pasa ante nuestros ojos. El *instinto de apropiación* es el fundamento tanto de la lujuria como de la avaricia.

La *vanagloria*, en fin, nos mueve a buscar la aprobación y la estima de los demás, volviéndonos poco a poco insensibles a las atenciones cotidianas que Dios nos prodiga. Pero como la búsqueda del éxito y el poder suele resultar incierta y frustrante, quien cae en la vanagloria fácilmente termina decepcionado y tiende entonces a consolarse con la lujuria.

Segunda regla: *No favorecer el efecto llamada*. Cuando, a causa de la debilidad o de la concupiscencia, se vive un desorden sexual, la interioridad se resiente. Ahora bien, la conciencia puede entristecerse tras las caídas de dos modos: uno útil y otro dañino.

Es *útil* el sentimiento de serena insuficiencia de quien, una vez caído, no solo se levanta con humor, sino que acrecienta su confianza en Dios. Isaac de Nínive apunta que «quien se conoce se levanta». Esto es esencial y conviene recordarlo siempre: la humildad es el arma más eficaz en el combate espiritual.

Es *dañino* el entristecimiento inútil de la conciencia. Así le sucede a quien, presumiendo de su propia fortaleza, se sorprende de las caídas y se aflige por «no haber estado a la altura». Este no conoce la misericordia de Dios ni se conoce a sí mismo. Parafraseando a Isaac podríamos decir: «Quien no se conoce no se levanta». Es precisamente la tristeza inútil la que desencadena el efecto llamada: el soberbio que cae se lamenta –pero raramente se arrepiente– y, avergonzado de lo que ha hecho, sienta las bases para recaer. Y así el abismo de la soberbia herida resuena en el abismo de la lujuria, como recuerda con perspicacia y visión profética el salmista: «Un abismo llama a otro abismo» (Sal 42, 8).

Si las dos reglas que acabamos de señalar son ilustrativas, mayor valor atesoran las tres actitudes interiores que exponemos a continuación:

Desear la castidad. Muchos bautizados emprenden este camino sin anhelarla realmente de corazón. Es necesario, pues, preguntarse: ¿deseamos de verdad lo que decimos querer? San Agustín oraba a Dios diciendo: «Hazme casto, pero todavía no». Deseaba, pero no quería. El problema de fondo es que no se puede desear afectivamente lo que no se ha gustado, al menos en parte, en uno mismo o en los demás.

Si de verdad nuestro corazón desea la castidad, supliquemos que se nos conceda. El Padre celestial, que no es en absoluto tacaño en sus dones, nos otorgará este a su debido tiempo. La súplica supone la íntima convicción de que, por nosotros mismos, somos incapaces de conseguir lo que deseamos y que ahora nos parece vital.

El Señor quiere que nos dispongamos a recibir sus dones. Aunque no podamos hacernos castos por nosotros mismos –¡a lo sumo, podríamos llegar a ser continentes!–, está a nuestro alcance evitar el mal para dejar espacio a la gracia. Si no fuera así, el Maestro nunca habría pronunciado estas palabras: «Si tu ojo derecho te es ocasión de escándalo, sácatelo y arrójalo lejos de ti… Y si tu mano derecha te es ocasión de escándalo, córtatela y arrójala lejos de ti: más te conviene que perezca uno de tus miembros que no vaya a parar en la *gehena* todo tu cuerpo» (Mt 5, 29-30).

Empecemos, pues, a cambiar de actitud para que, si pecamos, sea por debilidad y no por malicia. Evitemos, asimismo, las ocasiones que nos incitan a caer. La debilidad forma parte de nuestra vida y es el terreno en el que se derrama la misericordia del Padre. Pero no debemos ser nosotros mismos los que nos pongamos en peligro. ¡El alcohólico que se está desintoxicando no debería ir todos los días a tomar el aperitivo con los amigos!

SEGUNDA PARTE

Dura es la continencia y difícil de alcanzar la pureza, pero no hay nada más dulce que el Esposo celestial.

(Evagrio Póntico)

La castidad que no se practica por amor a Cristo resulta estéril y vacua.

(Juan Crisóstomo)

CRISTO

El evangelista san Mateo pone en boca de Jesús la siguiente enseñanza: «Hay eunucos que nacieron así del seno de su madre, hay otros a quienes los hombres los hicieron de esta condición, pero otros se hicieron a sí mismos por el Reino de los cielos. Quien pueda entender, que entienda» (Mt 19, 12).

Con ella hemos llegado al culmen de nuestra reflexión sobre la castidad evangélica. Este modo de vivir es una *consecuencia* de la amistad con Cristo. En absoluto es un punto de partida; se trata más bien de un fruto que madura en el corazón a medida que crece la intimidad con el Señor hecho carne.

En el interior más oculto de una relación inefable germina el deseo de asemejarse a Cristo, esposo y amigo, que por amor a la humanidad se hizo casto. Uno se hace eunuco por el Reino a causa de la dulzura de la gracia, y no por miedo a la vida o por estar psicológicamente «castrado».

El Maestro de Nazaret trató de hacer comprender a los discípulos la locura de la castidad. ¡Cosa nada fácil, puesto que la gran mayoría de las personas de aquella sociedad se casaban! En efecto, es preciso «dejar espacio» a esta realidad sin negarla: hay algunos –Jesús el primero– que se han hecho eunucos por el Reino de los cielos. ¿Qué significa esto?

Para intentar responder a esta pregunta, o por lo menos para arrojar sobre ella algo de luz, me gustaría reflexionar sobre tres expresiones de la enseñanza evangélica contenida en la cita que encabeza este capítulo.

Eunucos. En tiempos de Jesús, el eunuco era un varón castrado por los hombres –eran a menudo los hijos pequeños de los esclavos–, o impotente a causa de alguna enfermedad o de una malformación genética. En el primer caso, un eunuco podía llegar a desempeñar cargos de primer orden en la gestión de los bienes del amo. Sin embargo, era despreciado socialmente por su condición. De hecho, en Israel un eunuco estaba excluido de la asamblea santa del pueblo de Dios. El Señor nos habla de la castidad conservando este término despectivo («eunuco»), sin paliativos, quizá para hacer comprender a quien la elige que será siempre alguien extraño, incómodo a los ojos de muchos, incluso de no pocos cristianos. Esto se debe a un hecho que, por su hondura, no puede entenderse a simple vista: así como la cruz es escándalo y necedad, porque hace presente el fin de la existencia terrena, también la castidad –que forma parte de la cruz– remite humanamente a la penosa imagen de una persona sin futuro, ya que no puede tener descendencia. Cruz y castidad únicamente tienen sentido si elevamos la mirada más allá de la vida terrena.

Por el Reino de los cielos. «Los hijos de este mundo toman mujer y toman marido; pero los que son juzgados dignos de la vida futura y de la resurrección de entre los muertos no toman ni mujer ni marido; en efecto, ya no pueden morir, porque son semejantes a los ángeles y, siendo hijos de la resurrección, son hijos de Dios» (Lc 20, 34-36). Afecto y procreación son el medio que Dios ha dado a sus hijos para no quedarse solos, para crecer y multiplicarse. El amor de los cuerpos y la fecundidad son las columnas de este mundo maravilloso, pero destinado a pasar. En el mundo venidero –vislumbrado en la resurrección de Jesús– no tendrán permiso de residencia ni la soledad ni la muerte; por lo tanto, no habrá necesidad de preocuparse por las relaciones ni por la perpetuación de la especie humana. Aquí y ahora existen personas que ya dan testimonio de esta realidad: son los que han recibido el carisma de la castidad evangélica. Serás casto –aunque no sin dificultades– si eres un redimido, una criatura alcanzada por la resurrección, arrancada a la soledad por la plenitud de la Luz. Serás casto si has sido liberado del miedo a la muerte. Y ello no es un privilegio, sino algo que acontece. No es una satisfacción, sino una prenda y una garantía de la plenitud de vida que posee el Resucitado.

Quien pueda entender que entienda. Literalmente, en el texto griego del evangelio encontramos la expresión «hacer espacio». Paraíso y castidad perfecta son inseparables. Por desgracia, donde impera la omnipotencia de lo visible o se concibe la Iglesia como una mera organización, no puede surgir ni crecer el carisma de la castidad. Digámoslo claramente: nadie que no tenga fe en la vida eterna puede hacerle espacio por sí mismo a la castidad. Según esta lógica, «el hombre dejado a sus fuerzas no comprende las cosas del Espíritu de Dios: para él son necedad y es incapaz de entenderlas» (1 Cor 2, 14). Sin vida eterna, la castidad es una locura. Con todo, esto no basta, aunque constituye su base.

También es preciso dar espacio a otra verdad: la castidad es el futuro definitivo de toda criatura. Un día todos, casados y no casados, estaremos «siempre con el Señor» (1 Tes 4, 17). La castidad es superior al matrimonio, y no porque quien la vive sea más santo que el casado, sino porque en el mundo venidero la castidad será la realidad definitiva. En el orden de la vida terrena, el matrimonio es la norma, mientras que en el celeste lo será la castidad: cada uno de nosotros será un miembro casto de la Iglesia desposada para siempre con el Esposo divino.

En esta tierra, los casados testimonian quiénes seremos juntos, como comunidad; los que viven la castidad evangélica en el celibato proclaman de quién será el corazón de cada cristiano resucitado a la vida nueva.

ESCUCHA

El apóstol Pablo viene en nuestra ayuda a fin de que comprendamos de manera adecuada la riqueza que encierra en sí la virginidad evangélica. Teniendo presentes las circunstancias de los cristianos de Corinto, les escribe: «¡La apariencia de este mundo está a punto de acabar! Quiero que estéis libres de preocupaciones. En todo caso, mientras que el soltero está en situación de preocuparse de las cosas del Señor y de cómo agradar a Dios, el casado ha de preocuparse de las cosas de este mundo y de cómo agradar a su mujer» (1 Cor 7, 31-33).

Hasta donde sabemos, Pablo fue el primer bautizado que se hizo «eunuco por el Reino de los cielos». En este sentido hay que entender sus palabras «el soltero se preocupa de las cosas del Señor».

Pero ¿cuáles son en concreto estas «cosas»?

Apenas unos versos después del texto con que hemos comenzado este capítulo, el Apóstol recomienda a los corintios que deben «permanecer fieles al Señor sin desviaciones» (1 Cor 7, 35). Permanecer fieles significa literalmente «ser asiduos» en el trato con quien se ama. No en vano, el verbo griego evoca la presencia constante de los levitas junto al altar en el templo de Jerusalén. La idea es clara: el creyente que recibe el don del celibato se ocupa noche y día de la Palabra de Dios.

Esas «cosas del Señor» se refieren, sin lugar a dudas, a la Palabra. Es el nuevo altar, el centro del mundo en torno al cual gira todo, sin que sea posible apartar de él la mirada. En el fondo, la persona que vive la castidad en el celibato es simplemente un enamorado del Evangelio que, aun queriéndolo, no lograría apartar su atención de él, dado que se siente absolutamente fascinado. Sirva como ejemplo elocuente la respuesta que Yojanán ben Zakkai daba a quienes le reprochaban que no se casara, como debía hacer todo rabino: «No puedo casarme, porque mi alma está demasiado unida a la Palabra de Dios».

Ciertamente, si no existiera la Sagrada Escritura, para orarla y estudiarla, no tendría ningún sentido renunciar al matrimonio. San Jerónimo y santa Paula partieron de Roma hacia Belén con el propósito de fundar allí monasterios donde monjes y monjas dedicaran todo su tiempo a leer las Escrituras, orarlas, traducirlas y enseñarlas a los pobres. Jerónimo recomendaba que, por la noche, vencidos por el sueño, la cabeza cayera sobre las páginas abiertas de la Biblia. Isaac de Nínive se quedó ciego por haber pasado las noches orando las Escrituras a la débil luz de una lámpara.

En el fondo –y esto es lo que enseñan los padres del monacato– la castidad evangélica no es otra cosa que una manera de escuchar la Palabra no solo con los oídos, sino con la totalidad de nuestro ser. De esta forma, la Palabra que brota de las Escrituras es acogida por el afecto de quien permanece casto.

Tan solo quien ha experimentado esto es capaz de comprender lo que significa amar las Escrituras santas «como se aman ciertas cosas oscuras, secretamente, entre la sombra y el alma» (Pablo Neruda).

Ahora bien, algunos podrían preguntar: ¿cómo empezar a saborear la Escritura para que lleguemos a enamorarnos de ella? Y también: ¿qué tipo de escucha alimenta y salvaguarda la virginidad evangélica? He aquí tres sugerencias:

Escuchar recordando. Como preparación a la lectura de la Biblia, tengo que aprender a leer el gran libro de la creación. En el mundo hay más belleza de la que nuestros ojos pueden percibir. La creación nos recuerda quién es Dios y qué ha hecho por nosotros. Según Isaac de Nínive, quien no haya aprendido a reconocer la misericordia del Creador en las maravillas de la naturaleza no podrá entender cabalmente las Escrituras.

Escuchar pacificados. Cuando la memoria está habituada –aunque tan solo sea un poco– al recuerdo afectuoso del Padre creador, entonces se aleja de nosotros la fuente de todo mal, que es el olvido de Dios. La paz ocupa el lugar del desasosiego y, uniéndose a la escucha, da vida a lo que los padres del monacato llamaban *proseuché*, «atención». «Prestar atención» a la Palabra es mucho más que leerla para saber algo. Del mismo modo que leemos sin perder la concentración y con esperanza el prospecto de un medicamento, así deberíamos meditar la Sagrada Escritura.

Escuchar saboreando. «No solo de pan vive el hombre, sino de toda palabra que sale de la boca de Dios» (Mt 4, 4). La memoria conduce a la paz, y la paz, a la dulzura. Es entonces cuando la Palabra encerrada en las Escrituras se vuelve sabrosa –y no simplemente interesante–, como una comida saludable que repara una digestión pesada producida por el empacho de alimentos grasos y especiados.

Una vez saboreada de este modo, la Palabra –por decirlo con san Basilio– «raspará» el corazón de todos los vicios y fealdades, devolviendo sensibilidad y apetito a la naturaleza intoxicada por un desmesurado amor de sí.

SANTUARIO

Las dificultades experimentadas por los cristianos de Corinto respecto del estilo de vida dominante en la sociedad de su tiempo, hace exclamar al apóstol Pablo: «¡Manteneos lejos de la impureza! Cualquier pecado que el hombre comete queda fuera de su cuerpo; pero quien se da a la impureza peca contra su propio cuerpo. ¿No sabéis que vuestro cuerpo es templo del Espíritu Santo, que está en vosotros? Lo habéis recibido de Dios y no os pertenecéis a vosotros mismos. En efecto, habéis sido comprados a un alto precio: ¡glorificad, pues, a Dios en vuestro cuerpo!» (1 Cor 6, 18-20).

A partir de aquí, proponemos tres afirmaciones que tratan de iluminar esta verdad en cuanto seguidores de Jesús:

Dios está a favor del cuerpo, nunca en contra. Si no fuera así, solo habría creado espíritus. Toda la historia de la salvación narra el cuidado y la pasión del Creador por la materia. Él es el

Artista que ha creado las cosas visibles. Por ser el Arquitecto celeste, a quien nadie puede mirar cara a cara, quiso que contempláramos en la armonía de los cuerpos un reflejo, aunque tenue, de su belleza y perfección. El cosmos, desde los límites de los agujeros negros hasta la espiral de la concha de los caracoles, está divinamente diseñado según la proporción áurea. Esto provoca una inmensa admiración. Pero la prueba irrefutable del amor del Padre por nuestra carne mortal es la humildad con la que su Hijo aceptó tomar un cuerpo y resucitar, con ese mismo cuerpo, a la vida eterna. Cristo selló una alianza con la carne para sustraerla al desprecio resentido de la muerte. Venció al demonio por todos nosotros, y por eso el cuerpo que cada uno tiene ya no le pertenece. Es el «botín de guerra» del Verbo. Glorificar a Dios es comer, dormir, lavarse, correr, trabajar, gozar de la belleza, enamorarse, crecer y envejecer. Cuando hacemos todas estas cosas dando gracias al Dador, celebramos el triunfo de la resurrección.

La impureza va contra el cuerpo. El cuerpo masculino es un puente hacia el otro, no un acróbata que hace números de circo. El cuerpo femenino es una casa, no una esponja. Impuras no son las cosas o los «actos», sino la intención del corazón con la que me dirijo a la realidad. «Puro» no es lo incontaminado –sería demasiado poco–, sino lo que es transparente, como un cristal limpio que deja disfrutar del panorama sin estorbos. «Puro» es un sexo que habla claro. «Impuro» es lo que disimula y se esconde, lo que pacta con la mentira y se confabula con lo turbio y opaco. Es puro de verdad aquello que, mientras hace exultar el cuerpo, alegra también el alma. Por el contrario, es ciertamente impuro lo que satisface la carne y deja hambriento el afecto. El placer sexual es puro cuando cumple los deseos de un amor declarado, sin engaños. Impura sigue siendo una genitalidad obsesiva, que engaña al alma con sucedáneos y produce en ella catatonia, es decir, confusión, evasión de la realidad e incapacidad para la fantasía. Según el apóstol Pablo, esta impureza –que arrebata al afecto el lenguaje del sexo– es enemiga del cuerpo, pues trabaja contra la resurrección, sembrando en la carne la semilla de la muerte.

Templo del Señor. Todo en nosotros, desde los huesos hasta la piel, reclama compañía y calor humano. Sin embargo, al afirmar esto aún no hemos dicho lo más importante. El cuerpo humano se inclina hacia el otro porque está creado a imagen de la Trinidad Santa y Soberana. Así como Dios es uno en la Sustancia y trino en las Personas, así el cuerpo me hace uno conmigo mismo –yo soy mi cuerpo– y al mismo tiempo me impulsa suavemente a entrar en comunión con otros –no en una relación morbosa a dos, sino abierta a un tercero–. Mi cuerpo está hecho para cultivar el mismo amor trinitario: único y acogedor. Ineludiblemente, es mío y, sin embargo, solo es feliz cuando se orienta hacia el otro.

En efecto, el cuerpo no es un traje alquilado ni un apartamento en multipropiedad, sino el lecho nupcial en el que lo divino se une a lo humano. No está hecho para abusar de él, sino para crear pertenencia: «¡Esto es mi cuerpo, entregado por vosotros!» (Lc 22, 19).

El Espíritu Santo que habita en cada uno de nosotros desde el día en que recibimos el bautismo nos hace, al mismo tiempo, uno con Cristo e impulsa nuestra carne mortal a hacer tangible el amor del Padre por los hermanos. De esta manera, siempre que ponemos nuestro cuerpo al servicio del otro, es Cristo mismo quien se inclina sobre el hermano.

Simeón el Nuevo Teólogo escribió con lucidez y hondura: «Nosotros nos convertimos en miembros de Cristo y Cristo se convierte en nuestros miembros. Cristo se convierte en mi mano, Cristo se convierte en mi pie, en mí, pobre desgraciado. La mano de Cristo y el pie de Cristo soy yo, miserable. Yo muevo mi mano y mi mano es Cristo entero. No digas que blasfemo, sino acoge todo esto y adora a Cristo, que te hace así».

TENTACIÓN

No está de más recordar que el demonio no soporta la realidad creada. Y lo que es mucho más importante: Dios ama a una criatura mortal como el hombre y la mujer mucho más que a los espíritus incorpóreos e invisibles. Por esta razón, el demonio intenta demostrar al Padre que los hombres son indignos de tanto amor. Ese eterno infeliz que es el demonio no se cansa de aportar pruebas a Dios sobre la fragilidad del hombre, sugiriéndole que no vale la pena preocuparse por él. Así, con sus engaños, empuja a las personas a retroceder al nivel de las bestias: comer, dormir, aparearse, imponerse sobre el resto del rebaño.

El demonio –esto también conviene recordarlo– no tiene autoridad para quitar la libertad al hombre, pero sí puede proporcionar las ocasiones adecuadas para inducirlo a caer. Según esta lógica, se comprende muy bien que el maligno deteste la sexualidad humana. De hecho, no solo no soporta que las personas se pertenezcan mediante la entrega recíproca de sus cuerpos, sino que además odia la concepción de otras vidas humanas. Por otra parte –y puesto que es estéril y mortífero–, en casos extremos se instala en los cuerpos con violencia, introduciéndose a escondidas y sin consentimiento. En el fondo, la posesión diabólica no es otra cosa que una *violación espiritual*.

Seguidamente, quiero señalar algunas claves para ayudar a comprender la estrategia que habitualmente sigue el maligno en el terreno de la lujuria.

La puerta de la lujuria no es la sexualidad en sí misma ni la atracción natural, sino el olvido de Dios. De hecho, el *eros* es una fuerza creada para el bien y para el amor. Pero el *eros* permanece puro únicamente si la persona concreta preserva el recuerdo de Aquel que se lo ha dado. El proceso que transforma el *eros* en lujuria comienza con el olvido del Creador. Baste la siguiente metáfora: el *eros* es como un perro fiel a su amo; si el amo desaparece, el pobre animal tiene que buscarse, de mala gana, otro dueño que le dé de comer; pero, si no lo encuentra, se vuelve callejero y come lo primero que descubre en medio de la basura. No otra cosa es la lujuria.

El demonio carece de poder para leer nuestro corazón –solo el Espíritu puede hacerlo–; sin embargo, espía y archiva las imágenes que alojas en tu mente y los hábitos que tienes. Te sigue la pista para aprender a ofrecerte lo que más te gusta. Y en cuanto te encuentra un poco débil o cansado, entra en escena sirviéndote en bandeja la ocasión adecuada, reavivando el deseo con las imágenes que ha archivado. A este respecto, comenta Isaac de Nínive: «Cuando somos vencidos por el deseo, no es lo que está puesto en la naturaleza lo que nos impulsa a salir del límite de la naturaleza, sino lo que nosotros añadimos».

Su estrategia es conocida y procede por grados. En primer lugar, pone ante ti, como en el escaparate de una tienda, una imagen que te atrae, sacándola de tu memoria o de la realidad (es la *sugestión*). Luego, si te detienes en ella, aunque sea por un instante, sale de la tienda y entabla conversación para hacerte una oferta (*diálogo*). Si ve que estás interesado, no dejará de insistirte hasta que termines entrando. Y dentro hay otros muchos artículos seductores. Intentas resistir, pero al final la curiosidad te vence (*lucha*). Una vez dentro –también por cansancio–, te dejas llevar y te dices que, en el fondo, lo que te ofrece siempre lo has deseado (*consentimiento*). Así, a fuerza de cerrar tratos puedes convertirte en cliente fijo del mentiroso vendedor, hasta con tarjeta de fidelización y puntos acumulables. Es entonces cuando aparece la pasión (*vicio*): acudirás a la tienda sin que él haya puesto en el escaparate ofertas a tu medida. Ten presente que no debes jugar con el demonio. Él siempre es más astuto que tú y sus argumentos son convincentes. El único camino es no detenerse nunca a conversar con la sugestión.

¿Con qué eslóganes intenta convencernos el estafador para que compremos? Siempre el primero es: «Todos lo hacen», sugiriendo que el vicio es lo normal. Este es el gran engaño del demonio: presentar la virtud como algo «contra natura» y la intemperancia como algo normal.

El segundo es: «No sabes lo que te pierdes». Aquí juega mucho a su favor el hecho de que nuestra cultura ha reducido el placer y el gozo casi exclusivamente a la esfera sexual. Tomás de Aquino decía que es imposible vivir sin placeres; pero el placer duradero nace de una vida armónica y no de conductas obsesivo-compulsivas. El maligno promete más de lo que puede cumplir, halagándonos con «la falsa esperanza de llegar a ser dioses» (Gregorio Nacianceno).

El tercero es: «Nunca lo conseguirás». Aunque hayas sabido librarte de los hechizos anteriores, podrías dejarte atrapar por este último. Perdemos porque pensamos que la tentación es más fuerte que nosotros: así se insinúa en el corazón una rendición sistemática al pecado que, en definitiva, nos convence de que superar la tentación es completamente imposible.

INVOCACIÓN

¿Cómo comportarse en el momento de la lucha? ¿Qué hacer en el caso de que nos hayamos apegado –¡aunque no tengamos el valor de admitirlo!– a un desorden sexual?

Propongo un remedio eficaz y sencillo: la oración del Nombre, que consiste en repetir «Señor Jesucristo, Hijo de Dios, ten piedad de mí, que soy Pecador». Tiene el poder de combatir en la raíz el olvido de Dios –causa última de los pecados– y los vicios arraigados. El Maestro nos lo ha prometido: «Cualquier cosa que pidáis en mi nombre a mi Padre os la concederá» (Jn 14, 13).

La fe en la promesa de Jesús es el secreto del éxito de esta oración intensamente evangélica. Ya hemos dicho que la invocación del Nombre cura el mal desde su misma raíz, tanto porque restablece el recuerdo de la presencia del Espíritu en la mente –por lo cual reaprendemos a vivir sin cesar en la dulce presencia del Amado–, como porque reaviva en el corazón la inteligencia espiritual del amor. De hecho, el afecto por el pecado –inducido por los placeres que de él proceden– no puede ser erradicado a fuerza de renuncias, sino en virtud de un afecto más grande.

Detengámonos un instante en las palabras de esta invocación.

Señor. No es posible confesar que Jesús es el Señor si no se ha recibido antes el Espíritu Santo gracias al bautismo. La oración del Nombre es, por consiguiente, obra de la Tercera Persona de la Trinidad, que nos sostiene y nos transfigura a lo largo del camino de la vida. «Donde está el Espíritu –escribe Pablo– allí está la libertad» (2 Cor 3, 17), en especial ante la muerte y el pecado. Si no se invoca al Señor con humildad, las propias enfermedades espirituales no quedaran nunca completamente curadas.

Jesucristo. Cristo es verdadero Dios y verdadero hombre. El Señor Jesús es el Verbo encarnado, que asumió el cuerpo que le estaba predestinado desde la eternidad. «Dios se hizo hombre para que el hombre se hiciera Dios» (Atanasio de Alejandría). Es imprescindible recordar aquí que nada de lo humano es ajeno a lo divino, y no hay nada mejor que lo divino para revelar la maravilla de lo humano. Entremos, pues, en el espíritu de la oración sin dejar fuera nada de nosotros, excepto la agitación y la tristeza.

Hijo de Dios. Jesús, a quien en el Espíritu reconocemos como «Señor de la vida», es el Hijo predilecto del Padre. Invocándolo con este título, también entra en nuestra oración el Padre, de quien todo proviene y a quien todo retorna. De este modo, en la primera parte de la invocación queda iluminado el misterio de la Trinidad Santísima: en el Espíritu es al Verbo que procede del Padre a quien invocamos.

Ten piedad de mí. Después de la revelación del Dios Uno y Trino, la oración del Nombre nos abre al misterio del ser humano. ¿Quiénes somos? Criaturas que necesitan ser salvadas, que necesitan beber a manos llenas de la fuente originaria del ser. Pedimos a Cristo que tenga compasión de nuestra condición: Él sabe de qué estamos hechos (Sal 102, 14) y sabe que, incluso el justo, peca siete veces al día (Prov 24, 16). Al pronunciar estas palabras, no pedimos solo la misericordia, sino también la energía de la Tercera Persona de la Trinidad, que venda las heridas y cura como verdadero médico divino. Misericordia y efusión del Espíritu se vuelven así inseparables. El Señor no desdeñará nuestra invocación. ¿Cómo podría hacerlo aquel que –como confesaba Pablo– «me amó y se entregó por mí» (Gal 2, 20)?

Que soy Pecador. Sí, Pecador con mayúscula, como si en el mundo solo existiese un pecador: yo. La mayúscula es terapéutica. La razón es sencilla: si no dejamos de juzgar a los demás y no comenzamos en serio a convertirnos, nunca podremos vivir verdaderamente la castidad. Juicio humano y castidad no pueden convivir, porque si pasamos el tiempo comparándonos con los demás o intentando corregirlos, significa que no tenemos la suficiente humildad como para callar. Y quien no refrena la lengua tampoco es capaz de dominar el resto (Sant 3, 2).

La oración del Nombre comienza con «Señor» y termina con «Pecador». Creador y criatura son infinitamente distantes, pero al mismo tiempo absolutamente compatibles. Dios desea a las criaturas y las criaturas descansan solo en el Creador. La misericordia pedida y concedida recrea en la tierra el Paraíso donde –en una distante proximidad– los hijos gozan ya de la presencia del Señor.

No existe un desorden ni un pecado personal de los cuales la oración del Nombre no pueda liberarnos: «Todo el que invoque el nombre del

Señor será salvado» (Rom 10, 13). Los monjes hesicastas creían que invocar el Nombre hace a Jesús de algún modo realmente presente: allí donde se pronuncia el Nombre, allí está el Espíritu del Resucitado, y donde está el Resucitado no pueden permanecer por mucho tiempo ni el miedo, ni el pecado, ni la muerte.

Recomiendo comenzar a ejercitarse en este modo de oración cuanto antes. Si estamos solos, podemos repetir la invocación en voz baja o mentalmente. Podemos rezar sentados o caminando, antes de dormir o mientras trabajamos. En cualquier momento. Al principio es preciso esforzarse, pero pronto nuestra mente se reclinará sobre la oración como sobre un lecho en el que descansar. Cuando esto suceda, su benéfico calor sanará el corazón de los reumatismos de la maldad. La paz que nos invadirá será el anticipo del Reino en nosotros.

TESTIGO

La castidad evangélica no es un asunto que se circunscriba a la esfera de lo personal ni que esté reservado a los corazones sensibles. Al contrario, quienes apuesten por vivirla en su forma correcta, han de saber que deberán forjar sus corazones como lo hacen los gladiadores. Este tipo de castidad tampoco es una especie de privilegio que se concede a las almas angelicales. Su naturaleza es, más bien, la de un don que se concede «para la utilidad común» (1 Cor 12, 7). Por provenir del Espíritu Santo, la castidad es un regalo que se entrega a todos los bautizados –incluidos los casados– como una forma peculiar de vivir, en la práctica, el amor.

Me gusta pensar que este modo específico de entender la existencia personal en y para la Iglesia contiene en sí aquellos rasgos que caracterizan a la comunidad de los redimidos. Del mismo modo que la Iglesia es «una, santa, católica y apostólica», así debería ser el estilo de quien está llamado a vivir los afectos propios de Jesús Maestro. En este sentido, la unidad, la santidad, la catolicidad y la apostolicidad pueden servir como referencia para evaluar especialmente hasta qué punto es auténtica la virginidad evangélica.

Y dado que esta perspectiva eclesiológica podría parecer extraña, intentaré explicarme a continuación.

Unidad. La verdadera castidad construye un hogar, no un cuartel; une sin pretender nunca imponer algún tipo de uniformidad artificial. El casto por el Reino se vuelve él mismo como el Reino de los cielos: un árbol plantado en el huerto de casa donde los pájaros pueden hacer su nido sin tener que pagar tributo a nadie (Mc 4, 30-32).

Con las personas castas da gusto estar. Su acogida incondicional hace que nos sintamos como en casa, aunque no tengan la receta mágica que resuelva nuestros problemas.

Además de crear comunión entre la gente que se les acerca, las personas castas integran en sí las etapas de la salvación. Así, al igual que el hombre y la mujer se unen formando una sola carne, la persona virgen une en su carne el «hoy» de la historia con el «Reino que ha de venir», cuando en el Paraíso todos seamos atraídos por el rostro de Dios, sin que se interponga el rostro de ninguna criatura.

Más aún, del mismo modo que un hombre desposa a una mujer, el casto desposa el «futuro que no tiene fin». En un cuerpo que, por gracia, ha vencido las pasiones egocéntricas, habita el «viviente» que cada uno está llamado a ser, el hombre nuevo liberado de la dictadura de lo inmediato y de la concupiscencia.

Santidad. En la Escritura el pueblo de Dios recibe el nombre de «santo», y no solo porque es escogido entre los demás pueblos y puesto aparte de ellos, sino porque pertenece celosamente a Dios. La santidad es la fidelidad que nos inclina hacia Aquel que –sin mirar las apariencias– nos ha escogido con soberana libertad: «Seréis santos para mí, porque yo soy santo» (Lv 20, 26).

El carisma de la castidad cumple en la Iglesia la función de recordar permanentemente esta elección de Dios y su celo. Quien recibe el don de la castidad perfecta es apremiado a urgir a todos los bautizados distraídos –incluso sumiéndolos en el desconcierto– a que tomen conciencia de que pertenecen exclusivamente al Santo que los ha llamado (1 Pe 1, 15).

Sin embargo, la persona casta no lleva a cabo esta tarea con la predicación, sino con su misma carne. Somos santos porque pertenecemos al Santo y no a tal o cual grupo: las afiliaciones terrenas tienen valor solo en la medida en que refuerzan el único vínculo esencial con Cristo y su Iglesia.

Catolicidad. El adjetivo «católica» referido a la Iglesia indica su capacidad inclusiva. En efecto, «católico» es quien construye «el conjunto». Para ello, se esfuerza en incorporar a todos sin renunciar a lo esencial; no se dedica a crear guetos ni discrimina; no divide ni dispersa, sino que construye puentes en vez de islas. Es quien trata de vivir sin hacer acepción de personas ni favorecer a unos frente a otros.

Católica es la comunidad capaz de un amor inclusivo, una gran sala de banquetes donde todos son invitados insistentemente a entrar: los buenos y los malos, los puros y los impuros (Lc 14, 23). Nuestra castidad será «eclesial» en el momento en que logremos amar de un modo no excluyente. Así, el auténtico casto no es un defensor del gregarismo ni un manipulador que mide a todos según el rasero de su propia experiencia, sino alguien que sabe reconocer la semilla de la verdad incluso en el error.

Uniformidad y castidad evangélica en absoluto se llevan bien. El casto, al no tener como objetivo conseguir prosélitos, puede amar incluso a quien vive la fe de manera distinta de la suya. Ciertamente, puede «preferir» –como el Maestro a Marta, María y Lázaro–, pero nunca discriminar.

Apostolicidad. Se cuenta que, al inicio de la «santa predicación», Domingo de Guzmán enviaba a los novicios inexpertos a predicar el Evangelio a los territorios donde abundaban los herejes. Cuando esta forma de proceder llegó a los oídos de algunos monjes cistercienses, se escandalizaron: ¿acaso era prudente enviar a jóvenes novicios en medio de un mundo hostil y lleno de tentaciones?, ¿no era mejor protegerlos entre los muros del noviciado? Santo Domingo respondió: «Los míos irán a predicar y volverán. En cambio, los vuestros, aunque no salgan del monasterio, no perseverarán». Y así sucedió.

No cabe la menor duda, se permanece casto si se ama el Evangelio. El simple hecho de buscar ponerse a salvo de las tentaciones no basta. La apostolicidad –es decir, un corazón apasionado por el Reino– es lo que mejor guarda la virginidad evangélica.

Jesús no se casó para poder cumplir así su misión como Apóstol itinerante del Padre itinerante. El cristiano no es casto por miedo o por ascesis, sino porque el Evangelio es tan hermoso que vale la pena dedicar esta breve vida solo a anunciarlo.

EN DEFINITIVA, AMOR

Castos por amor, y no por otra razón. Si Jesús no se unió a una mujer fue para que cada uno de nosotros pudiera decirle: «Eres solo mío». La anorexia afectiva no conviene al Evangelio.

La tradición nos ha transmitido unos términos que no son idénticos, pero tampoco opuestos: celibato, castidad, virginidad. Como ya habrá quedado claro, a lo largo de estas páginas los he utilizado con mucha libertad y, en algunos pasajes, quizá de una forma un tanto confusa. Ahora, ya en el final de nuestro recorrido, quisiera remediar mi negligencia y explicarlos con un poco de detalle. Confío en ser capaz de mostrar cómo cada uno de ellos revela un aspecto irrenunciable.

Por otra parte, celibato, castidad y virginidad trazan un camino: se entra en el celibato y se madura la castidad para llegar a la virginidad del corazón. Veamos la riqueza que atesoran estos tres sustantivos.

Celibato es lo contrario de estar casado: la persona que se compromete con el celibato sabe que ha recibido el don de la compañía de Jesús como relación no excluyente, sino fontal respecto a las demás relaciones. Célibe es quien se dedica al Señor sin preocupaciones terrenales, que, por otro lado, son perfectamente legítimas. Renuncia así a vincularse para siempre a un cónyuge. El monje Enzo Bianchi ha escrito que el célibe es aquel que en algún momento ha escuchado del Señor la siguiente pregunta: «¿Me amas más que estos?» (Jn 21, 15). Ello no significa que Jesús no plantee a todo bautizado la misma cuestión, sino más bien que el casto siente que el Señor se la dirige directa y personalmente a él. Por lo que respecta al casado, como no podía ser de otro modo, dicha pregunta se la plantea además su cónyuge; y el hijo a su padre o a su madre.

Castidad es lo opuesto a la lujuria y lo contrario de *incastus*, es decir, «incestuoso». Incestuoso es –como ya sabemos– quien vive las relaciones afectivas y sexuales únicamente en el ámbito seguro y tranquilizador de su propio clan. Existen actos incestuosos, pero también un modo incestuoso de plantear las relaciones: cada vez que se da afecto solo a quien nos halaga o nos aprecia se cae en la trampa. Ya lo insinué al hablar de la «catolicidad» como categoría que explica la castidad. No es casto quien ama solo a condición de ver confirmado su poder. El Maestro advierte a sus seguidores: «Si amáis a quienes os aman, ¿qué mérito tenéis?» (Lc 6, 32). En cambio, la castidad es la capacidad de amar sin interés, más aún, esperando precisamente no recibir nada. Esta lógica atañe a cada cristiano personalmente, pero también a las realidades eclesiales en su conjunto: existen redes relacionales que, a cambio de un poco de pertenencia tranquilizadora, piden a las personas una adhesión acrítica al líder o a una forma de vida particular que no se puede cuestionar. Incluso se llega a entregar la libertad para tener a cambio un nido cálido donde habitar, una estancia acogedora donde permanecer para siempre.

Virginidad. El fin último del celibato, vivido en la castidad, es llegar a ser personas vírgenes. *Virgo* es un término emparentado con «vástago». Virginal es aquello que está a punto de florecer y dar fruto. Se cuenta que las mujeres de Asís, apenas nacían sus hijos, los llevaban al monasterio de San Damián para que la virgen Clara los tomase en brazos y los bendijera. ¡En ella resplandecía el modelo de la maternidad espiritual! La virginidad es, por tanto, la aurora de la paternidad y la maternidad espirituales. Entregar la vida a otros y permitir serenamente que se alejen de nosotros –para luego encontrarnos de nuevo solos ante Dios– es una experiencia extraordinaria. Se escucha decir que estamos en crisis de padres. En mi opinión, hoy en la Iglesia hay padres de sobra… pero a menudo son padres demasiado maternales, que atan a sí mismos y no lanzan a la vida. Virgen es quien vive contento con la posibilidad de que alguien sea feliz gracias a él, pero sin él. Se puede ser célibe sin llegar jamás a ser casto, se puede ser casto sin llegar nunca a ser virgen. He aquí, por tanto, el aspecto más bello de la castidad por el Reino: el Señor concede este carisma para dar fruto, para hacer del creyente un iniciador a la vida divina.

DESPEDIDA

Querido lector:

Quizá el Espíritu Santo te llama a la virginidad
por el Reino,
o bien sientes que el Señor te está pidiendo la
castidad en el noviazgo,
o un tiempo de abstinencia acordada en el matrimonio.
Quizá seas viudo o viuda,
o que –sin quererlo– te hayas quedado solo por
diversos motivos.
Sea cual sea la situación en la que te encuen-
tres,
ten siempre presente que la castidad no morti-
fica la existencia.
Las virtudes auténticas nunca han empeorado
la vida de nadie.
El Autor de la vida nunca nos quita nada de lo
que nos da;
y aunque a veces parezca que lo hace,
es solo para prepararnos a recibir dones más
grandes.

No te asustes y repite con el apóstol Pablo:
«Todo lo puedo en Aquel que me da la fuerza»
    (Flp 4, 13).

Para gloria de su Nombre y para la paz de los
    hombres.

DOS ORACIONES

San Efrén el Sirio

Dios mío y Señor de mi vida,
líbrame del espíritu de ociosidad,
del desaliento,
de la voluntad propia
y de las palabras inútiles.

Concede a tu siervo
el espíritu de castidad,
de humildad,
de paciencia
y de amor.

Oh, Dios mío y mi Rey,
haz que yo vea mis pecados
y que no juzgue a mi prójimo,
porque tú eres bendito
por los siglos de los siglos. Amén.

Señor mío y Dios mío,
que visitas tu creación
y ante quien son manifiestas nuestras
      pasiones,
la debilidad de nuestra naturaleza
y la fuerza de nuestro enemigo:
escóndeme de su perversidad,
porque su poder es fuerte,
nuestra naturaleza es miserable
y nuestro poder es débil.

Oh dulce Señor,
tú que conoces nuestra debilidad
y llevas las penas de nuestra pequeñez,
guárdame del tumulto de los pensamientos
y de la violencia de las pasiones,
y hazme digno de este santo servicio:
que no corrompa yo su dulzura con las
      pasiones,
mostrándome insolente delante de ti.
Antes bien, que yo esté ante ti
con pensamientos resplandecientes
y con pureza de intención,
conforme a la belleza de tu santidad. Amén.

VOCABULARIO
E ÍNDICES

PEQUEÑO VOCABULARIO INUSUAL

AFECTIVIDAD. Es el conjunto de sentimientos y emociones que, de una manera dinámica, actúan en la persona. Es lo que conecta a cada uno con la vida, y lo mueve a valorarla y a actuar en ella. En este sentido, el fin por el que existen los afectos es «afectarnos», o sea, hacer posible que nos interesemos por algo o por alguien. En consecuencia, si no hay afecto, el sexo se convierte en algo parecido a esa rueda en la que corretean los hámsters.

AMOR. «Es dar algo que no se posee a alguien que no se conoce» (Jacques Lacan). «Que no se posee», porque tan solo se puede dar el amor que previamente se ha recibido de otros. «A alguien que no se conoce», porque el amor siempre tiene un componente de riesgo. No podemos hacerles un examen de ADN a las personas antes de decidirnos a dar un paso hacia ellas. El amor seguro al cien por cien no es de este mundo.

Castidad. Es la virtud que nos hace vivir los afectos y la sexualidad como un instrumento para promover la dignidad del otro y no como un medio para manipular o dominar. En este sentido, es sinónimo de «dejar libres a los demás» y, por tanto, lo contrario del «poder» y del «imponerse».

Celibato. Llamamos célibe a quien no está casado. Sin embargo, las personas están hechas para unirse en matrimonio con la realidad. Estamos hechos para «desposarnos». Puedo elegir no casarme, pero no puedo elegir no unirme a una realidad totalizante: la fe, la misión, una comunidad, una profesión.

Eros/erótico. Para Platón, el *eros* era el deseo que mueve el alma humana a buscar un bien –divino o humano– del que se siente privada. En este sentido, únicamente tiene «eros» la persona que sabe decir con humildad: «Tengo necesidad, no soy autosuficiente». Hoy la mayoría de las personas, por desgracia, pretendiendo ser independientes y fuertes, mitigan lo erótico y se contentan con lo pornográfico.

Genital/genitalidad. Lo que concierne a los órganos reproductivos. El término deriva del latín *geni*, «estirpe», precisamente porque a través de estos órganos se perpetúa el género humano.

Se nota de inmediato la afinidad con el término «genio», aquel que hace nacer algo nuevo. La genitalidad es uno de los muchos lenguajes del amor de pareja. En el amor, cuantos menos lenguajes se conocen, más se permanece fosilizado en la sola genitalidad.

LUJURIA. ¿Cuándo una casa es lujosa? Cuando dentro hay mucho más de lo necesario. La lujuria es, por lo tanto, la desmesura en el poseer… Referido al ámbito de los afectos, el término indica el vicio por el cual se vive la sexualidad con un exceso vulgar, como si fuese la única cosa por la que valdría la pena vivir. A veces la lujuria se convierte en una verdadera dependencia obsesivo-compulsiva que vuelve tristes y apáticas a las personas.

OBSCENO. Etimológicamente, «lo que trae malos augurios». La obscenidad es la tumba de la sexualidad. A fuerza de exhibirla, se erosiona su encanto misterioso y se degrada el placer. Obsceno es el comportamiento de quien echa perlas a los cerdos (Mt 7, 14), el cuerpo a las fauces del mercado, el sexo al juego de las prestaciones. Por lo general, la persona que alardea de sexo lo hace porque, en el fondo, recibe de él poca gratificación. ¡Dime de qué presumes y te diré de qué careces!

PUDOR. Es el sano sentimiento que nos mueve a preservar de la violencia o de la curiosidad ajena lo que pertenece a las regiones más íntimas de nuestra afectividad. Solo quien tiene conciencia de su propio valor puede ser «pudoroso». Quien se desprecia no se preocupa por conservar en la intimidad su realidad profunda: se la cuenta a cualquiera porque se siente un «don nadie».

PUREZA. La pureza «es un corazón que siente compasión por todas las criaturas» (Isaac de Nínive). Se comprende así que una persona que no logra ser casta puede, sin embargo, tener un corazón puro. ¡Mejor un puro de corazón que un casto despiadado con el prójimo!

SENSUALIDAD. Todo lo que estimula los sentidos. En sí misma, no tiene connotación negativa: «sensual» es también gozar de la buena música a través del sentido del oído. Hay una sensualidad que se abre a lo bello y otra que se abre a lo feo. A nosotros nos corresponde elegir qué tipo de «sensuales» queremos ser. Existe también una sensualidad espiritual que comporta estar abiertos a la presencia invisible de Dios que se esconde en la creación.

SEXO. Este sustantivo deriva quizá del latín *secare*, «separar», en el sentido físico que distingue al varón de la mujer. Antes que un órgano, es una marca de identidad que liga el alma al cuerpo que tenemos. El sexo, por tanto, no «se hace», sino que «se tiene».

TEMPLANZA. Es la virtud por la cual gustamos de las cosas buenas que la vida nos ofrece sin volvernos esclavos de ellas. Quien la posee no se cansa nunca de los placeres que la creación le brinda, pues nunca se llega a hastiar de ellos por un uso desmedido.

VIRGEN. Defino así al cristiano que sabe amar sin esperar nada a cambio, ni siquiera el cuerpo o la intimidad ajena. La virginidad física es una realidad biológica que se puede perder. La virginidad espiritual solo existe y se puede alcanzar con la gracia de Dios.

ÍNDICE DE CITAS BÍBLICAS

ÍNDICE GENERAL
Y TEMÁTICO